BEI GRIN MACHT SICH IHR WISSEN BEZAHLT

AF167952

- Wir veröffentlichen Ihre Hausarbeit,
  Bachelor- und Masterarbeit

- Ihr eigenes eBook und Buch -
  weltweit in allen wichtigen Shops

- Verdienen Sie an jedem Verkauf

Jetzt bei www.GRIN.com hochladen
und kostenlos publizieren

Bibliografische Information der Deutschen Nationalbibliothek:

Die Deutsche Bibliothek verzeichnet diese Publikation in der Deutschen National-bibliografie; detaillierte bibliografische Daten sind im Internet über http://dnb.d-nb.de/ abrufbar.

Impressum:

Copyright © 2020 GRIN Verlag
Druck und Bindung: Books on Demand GmbH, Norderstedt Germany
ISBN: 9783346268457

Dieses Buch bei GRIN:

https://www.grin.com/document/939138

Katharina Gross

Persönlichkeitspsychologie. Einblicke in emotionale Intelligenz, soziale Unterstützung und zwanghafte Persönlichkeitsstörungen

GRIN Verlag

GRIN - Your knowledge has value

Der GRIN Verlag publiziert seit 1998 wissenschaftliche Arbeiten von Studenten, Hochschullehrern und anderen Akademikern als eBook und gedrucktes Buch. Die Verlagswebsite www.grin.com ist die ideale Plattform zur Veröffentlichung von Hausarbeiten, Abschlussarbeiten, wissenschaftlichen Aufsätzen, Dissertationen und Fachbüchern.

Besuchen Sie uns im Internet:

http://www.grin.com/

http://www.facebook.com/grincom

http://www.twitter.com/grin_com

Einsendeaufgabe

Persönlichkeitspsychologie

Alternative C

SRH Fernhochschule – The Mobile University

Modul: Persönlichkeitspsychologie
Studiengang: B. Sc. Psychologie

von
Katharina Gross

Inhaltsverzeichnis

Abkürzungsverzeichnis

bspw.	beispielsweise
bzw.	beziehungsweise
d. h.	das heißt
DSM	Diagnostic and Statistical Manual of Mental Disorders
EMAS	Endler Multidimensional Anxiety Scales
engl.	englisch
etc.	et cetera
fMRT	funktionelle Magnetresonanztomographie
ICD	International Classification of Diseases, Injuries and Causes of Death
IQ	Intelligenzquotient
MAS	Manifest Anxiety Scale
S.	Seite
STAI	State-Trate-Angstinventar
Vgl.	vergleiche
z. B.	zum Beispiel

Aufgabe C 1

1.1. Die emotionale Intelligenz

Der Begriff der emotionalen Intelligenz wurde im Wesentlichen von drei Wissenschaftlern bzw. Wissenschaftsteams geprägt. Zuerst sind Salovey und Mayer zu nennen. Im Jahr 1990 waren sie es, die den Begriff „emotionale Intelligenz" überhaupt populär machten.

Ihnen folgte Daniel Goleman im Jahr 2000, der das Konzept um physiologische und kognitive Aspekte erweiterte.[1] Auf seine Erkenntnisse soll später noch genauer eingegangen werden.

Zuletzt ist Reuven Bar-On zu nennen, dessen Konzept ein biologisch begründetes emotional-soziales Intelligenzmodell ist.[2]

Allen genannten Experten gemein ist, dass sie sowohl den Umgang mit eigenen Emotionen als auch den Umgang mit Emotionen anderer zu erforschen versuchten. Grundlegend lassen sich vier Fähigkeitsbereiche benennen[3]:

1. Wahrnehmung von Emotionen bei sich und anderen, emotionale Expressivität

2. Förderung des Denkens durch Emotionen,

3. Verstehen und Analysieren von Emotionen,

4. Regulation von Emotionen.[4]

Dem Modell der emotionalen Intelligenz stehen zahlreiche kritische Stimmen gegenüber. Sie machen darauf aufmerksam, dass es sich nicht um einen Teilbereich der Intelligenz handelt, sondern um eine Persönlichkeitseigenschaft oder einen Teil des Temperaments einer Person.[5] So schließt etwa Asendorpf aus einer Studie von Van der Zee et. al (2002), dass sich emotionale Intelligenz weder als einheitlicher Fähigkeitsbereich noch als Merkmal von Intelligenz nachweisen lässt.[6] Auch in Deutschland ist der Begriff der „emotionalen Intelligenz" umstritten. Hierzulande wird

---

[1] Vgl. Maltby, J., Day, L., Macaskill, A. (2011), S. 696
[2] Vgl. Maltby, J., Day, L., Macaskill, A. (2011), S. 701
[3] Vgl. Asendorpf, J. (2011), S. 215
[4] Vgl. Asendorpf, J. (2011), S. 87
[5] Vgl. Asendorpf, J. (2007), S. 215
[6] Vgl. Asendorpf, J. (2007), S. 215-216

deshalb vielmehr von „emotional-sozialer Kompetenz" oder „emotionaler Kompetenz"[7] gesprochen.

1.2. Der Begriff der (klassischen) Intelligenz

Die (klassische) Intelligenz ist die am besten erforschte Persönlichkeitseigenschaft. Dies zeigt sich zum einen aus der Fülle an Messdaten und zum anderen aus der Dauer der Intelligenzforschung. Die Anfänge gehen auf Francis Galton (1822-1911) und Alfred Binet (1857-1911) zurück. Bereits im Jahr 1904 gab es einen ersten, von Binet entwickelten Intelligenztest, welcher im Zusammenhang mit der Sonderbeschulung von Kindern und Jugendlichen konzipiert war.[8]

Eine allgemeine, groß gefasste Meinung versteht Intelligenz als die Fähigkeit, intellektuelle Leistung zu verrichten. Dabei stellt sich jedoch die Frage, was mit intellektueller Leistung genau gemeint ist.

Bekannt wurde im Zuge dessen die Aussage von Edwin G. Boring:

> *„Intelligenz ist das, was der Intelligenztest misst."*[9]

Es ist schwierig, eine einzige, universalgültige Definition von Intelligenz zu formulieren. Am ehesten lässt sich festhalten, dass Intelligenz die intellektuellen Fähigkeiten einer Person umfasst, mit der sie unterschiedliche kognitive Aufgaben löst.[10] Hierzu gibt es verschiedene Modelle. Beispielsweise hat Howard Gardner acht Intelligenzkategorien aufgestellt: sprachliche, logisch-mathematische, räumliche, musikalische, körperlich-kinästhetische, interpersonale, intrapersonale und die naturkundliche Intelligenz.[11] Der unter den Nationalsozialisten geflüchtete Amerikaner treibt die Frage, ob es eine generelle Intelligenz gibt oder ob sich Intelligenz aus einzelnen Fähigkeiten zusammensetzt, sicherlich auf die Spitze.

Nachdem ein erster Intelligenztest von Binet veröffentlicht worden war, brachte William Stern (1912) den Begriff des Intelligenzquotienten (IQ) ein. Die Art und Weise, wie mit heutigen Tests der IQ ermittelt wird, hat nichts mehr mit der Begrifflichkeit von Stern zu tun, dennoch wird er weiterhin verwendet. Vielmehr hat

---

[7] Vgl. Asendorpf, Jens B. (2011), S. 87
[8] Vgl. Asendorpf, Jens B. (2011), S. 74
[9] Vgl. Weber, H., Rammsayer, T. (2012), S. 178
[10] Vgl. Weber, H., Rammsayer, T. (2012), S. 178
[11] Vgl. Becker, Beate (2014 a), S. 99-102

David Wechsler (1939) ein Abweichungsmaß eingeführt, welches die Differenz des individuellen Testergebnisses zum Mittelwert der Bezugsgruppe darstellt.[12]

Zusammenfassend wird deutlich, dass der Versuch, emotionale Intelligenz in Form einer Messzahl festzuhalten, bislang nicht gelungen ist. Auch eine klare Definition konnte noch nicht festgelegt werden. Asendorpf schreibt ausnehmend, dass das, was derzeit unter „emotionaler Intelligenz" verstanden wird, mit Intelligenz wenig bis gar nichts zu tun habe. Vielmehr handele es sich um emotionale Kompetenzen.[13] Tests zur Erfassung der emotionalen Intelligenz weisen bezüglich Validität und Reliabilität bislang zu viele wissenschaftliche Mängel auf.

Die Messung der allgemeinen Intelligenz hingegen ist mithilfe standardisierter Testverfahren möglich. An der sogenannten Glockenkurve lässt sich ablesen, wie hoch der individuelle IQ-Wert ist und wie er im Verhältnis zum Mittelwert steht. Der größte Vorteil von Intelligenztests ist, dass sie eine hohe Reliabilität, hohe zeitliche Stabilität und hohe Kriteriumsvalidität aufweisen.[14]

Die emotionale Intelligenz wird von Wissenschaftlern unter der Rubrik der Persönlichkeitsmerkmale oder sozial-emotionalen Kompetenzen zusammengefasst, jedoch nicht als eigenständige Intelligenz.

1.3. Das Modell der emotionalen Intelligenz von Daniel Goleman[15]

Die Grundlage für Golemans Modell liegt im 1990 veröffentlichten Konzept der emotionalen Intelligenz von Salovay und Mayer. Deren Erkenntnisse bildeten für Goleman eine Basis, die er mit eigenen Ideen anreicherte. Außerdem legte er zusätzlich einen Schwerpunkt auf physiologische und kognitive Prozesse.

Goleman brachte die emotionale Intelligenz in Zusammenhang mit der Amygdala des Gehirns. Diese befindet sich im medialen Temporallappen und ist Bestandteil des limbischen Systems.[16] Dabei handelt es sich um ein ringförmiges Hirnsystem, das für die Bildung von Gefühlen und Trieben zuständig ist.[17] Es ist bei Säugern an der Steuerung aller emotionalen und kognitiven Funktionen beteiligt.[18]

---

[12] Vgl. Weber, H., Rammsayer, T., (2012), S. 207
[13] Vgl. Asendorpf, Jens B. (2007), S. 216
[14] Vgl. Asendorpf, Jens B. (2011), S. 79
[15] Vgl. Maltby et al. (2011), S. 696-701
[16] Vgl. Maltby et al. (2011), S. 696
[17] Vgl. Birbaumer, N., Schmidt, R. (2010), S. 819
[18] Vgl. Birbaumer, N., Schmidt, R. (2010), S. 79

Goleman führt aus, dass der Mensch lernt, seine emotionalen Reaktionen bis zu einem gewissen Grad selbst zu steuern.[19] Er leitet dies aus der Beobachtung der sogenannten „Kampf-oder-Flucht-Reaktion" ab. Bei Stressreaktionen wie Bedrohung oder Gefahr steigen Adrenalin und Noradrenalin, welche unmittelbar physiologische Reaktionen (bspw. Steigerung der Herz- und Atemfrequenz sowie Muskeltonus) bewirken.

Goleman überträgt diese Funktion auf die emotionale Intelligenz, indem er behauptet, der Mensch würde die Kontrolle darüber erlangen können, ob er sich für die Reaktion „Kampf" oder „Flucht" entscheidet.[20]

Goleman zeigt fünf Aspekte der emotionalen Intelligenz auf, die in einer hierarchischen Rangfolge dargestellt werden. Die Veränderungen, die er im Laufe der Zeit eingearbeitet hat, sind in kursiver Schrift integriert.

1. Die Fähigkeit, eigene emotionale Zustände zu identifizieren und zu verstehen (*Selbstwahrnehmung*).
2. Die Fähigkeit, mit eigenen Emotionen umzugehen und diese zu kontrollieren. Hierzu gehört vor allen Dingen auch, wie negative oder unerwünschte Emotionen in positivere und erwünschte Emotionen umgewandelt werden können (*Selbstmanagement*).
3. Die Fähigkeit zum Erleben emotionaler Zustände, die mit dem Drang nach Leistung und Erfolg zusammenhängen.
4. Die Fähigkeit, die Emotionen anderer Menschen zu beurteilen, dafür empfänglich zu sein und sie zu beeinflussen (*Soziales Bewusstsein*).
5. Die Fähigkeit, gute interpersonelle Beziehungen aufzubauen und zu erhalten (*Beziehungsmanagement*).

Die Begründung dieses Hierarchiesystems ist leicht zu verstehen: Will man beispielsweise die eigenen Emotionen kontrollieren können (Stufe 2), so muss man zuvor die eigenen Emotionen überhaupt erst einmal identifizieren und verstehen können. Möchte man die Emotionen anderer nachvollziehen können (Stufe 4), müssen zuvor die Stufen eins bis drei durchlaufen werden.

---

[19] Vgl. Maltby et al. (2011), S. 698
[20] Vgl. Maltby et al. (2011), S. 697

Goleman fasst die *Selbstwahrnehmung* (Stufe 1) und das *Selbstmanagement* (Stufe 2) unter dem Begriff **persönlicher Kompetenz** zusammen. Das *soziale Bewusstsein* (Stufe 4) und das *Beziehungsmanagement* (Stufe 5) stellen hingegen **soziale Kompetenzen** dar.

Weiterhin bildet Goleman die Kategorien **Wahrnehmung** und **Management**. Zur **Wahrnehmung** gehören die *Selbstwahrnehmung* (Stufe 1) und das *soziale Bewusstsein* (Stufe 4).

Das *Selbstmanagement* (Stufe 2) und das *Beziehungsmanagement* (Stufe 5) bilden selbsterklärend die Kategorie **Management**. Mit anderen Worten handelt es sich dabei um die Regulation der eigenen Emotionen und den Umgang mit zwischenmenschlichen Beziehungen.

Schließlich hat Goleman 25 Fähigkeiten identifiziert, die emotionale Intelligenz kennzeichnen sollen.

Erwähnenswert ist, dass es sich bei dem hier näher erläuterten Modell um ein „gemischtes Konzept" handelt. Darunter versteht man die Einbindung zentraler Ideen der emotionalen Intelligenz und von Persönlichkeitseigenschaften.

Die emotionale Intelligenz nach dem Modell von Goleman kann mit einem für den Arbeitsplatz konzipierten Test namens *Emotional Competence Inventory* erfasst werden. Dabei handelt es sich um ein 360-Grad-Inventar, d. h., dass andere Personen die zu untersuchende Person beurteilen.

1.4. Emotionale Intelligenz – ein gesundheitsrelevanter Faktor?

Die Emotionale Intelligenz wirkt sich nachweisbar auf die physische und psychische Gesundheit aus. Dies zeigt eine Metaanalyse von Schutte et al. (2007), in der eine Korrelation zwischen der emotionalen Intelligenz und der physischen Gesundheit ($r = 0{,}22$) und der psychischen Gesundheit ($r = 0{,}29$) sowie mit der psychosomatischen Gesundheit ($r = 0{,}31$) festgestellt werden konnte.

Außerdem haben Mikolajcak und Luminet (2008) untersucht, dass Menschen, die eher der Überzeugung sind, mit ihren eigenen Kompetenzen ihnen begegnende Herausforderungen oder Situationen bewältigen zu können (Selbstwirksamkeitserwartung), eine höhere emotionale Intelligenz aufweisen.[21]

---

[21] Vgl. Maltby et al. (2011), S. 708-709

Auch die Wissenschaftler Externera und Fernandez-Berrocal (2005) konnten einen Zusammenhang zwischen emotionaler Intelligenz und Lebenszufriedenheit bescheinigen. Nicht zuletzt haben Chamorro-Premuzic et al. eine Beziehung zwischen emotionaler Intelligenz und einem höheren Niveau an Glücklichsein ausmachen können.[22]

Aus den genannten Erkenntnissen wird deutlich, dass emotionale Intelligenz es einem Individuum erleichtern kann, mit Belastungen umzugehen. Die Fähigkeit emotionale Prozesse erkennen und nachvollziehen zu können, verleiht in schwierigen Situationen eine höhere Kompetenz bei der Lösungssuche. Es ist hilfreich, emotionale Reaktionen hinterfragen und reflektieren zu können. Wer dazu im Stande ist, kann seine Gefühlswelt eher steuern. Diese positive Kontrolle stellt bei Krankheit eine wichtige Ressource dar, wenn es um den Umgang mit physischer und psychischer Einschränkung geht.

Bezüglich der emotionalen Intelligenz und des beruflichen Erfolgs gibt es mehrere Studien, die dafürsprechen, dass der Erfolg am Arbeitsplatz größer ist bei einer höheren emotionalen Intelligenz.

Emotionale Intelligenz wird gerade bei Goleman häufig in Zusammenhang mit der Arbeitswelt gebracht. Wer eine höhere emotionale Intelligenz aufweist, ist beruflich erfolgreicher. Da liegt der Gedanke nahe, dass emotionale Intelligenz z. B. Konflikten am Arbeitsplatz vorbeugt, also **präventiven Charakter** haben kann.

Zur Begründung dient das Hierarchiemodell von Goleman. Wer eine gute interpersonelle Beziehung aufbauen und erhalten will (Stufe 5), muss die Fähigkeit besitzen, die eigenen Emotionen zu verstehen (Stufe 1), mit den Reaktionen umgehen zu können (Stufe 2), motiviert sein, Leistung zu bringen und erfolgreich sein zu wollen (Stufe 3) und schließlich das Wichtigste an dieser Stelle: **die Emotionen anderer beurteilen und beeinflussen zu können** (Stufe 4).

Aufgabe C 2

2.1. Was ist soziale Unterstützung?

Unter sozialer Unterstützung wird im Allgemeinen die entgegengebrachte Hilfe von anderen in belastenden Situationen verstanden. Diese kann sowohl emotional (durch Trost), instrumentell (in Form von finanzieller Unterstützung) als auch informationell

---

[22] Vgl. Maltby et al. (2011), S. 709

(durch Ratschläge) erfolgen. Es handelt sich also um eine Unterstützung in Form von zwischenmenschlicher Beziehung und soll der Entlastung dienen.[23]

Wichtig im Zusammenhang mit sozialer Unterstützung ist die Trennung folgender Begriffe:

- *Unterstützungsressourcen* (Anzahl positiver Beziehungen zu anderen),
- *erhaltene Unterstützung* (tatsächlich von anderen erhaltene Unterstützung),
- *erfahrene Unterstützung* (subjektiv wahrgenommene Unterstützung),
- *potentielle Unterstützung* (subjektive Erwartung, Unterstützung bekommen zu können, wenn es zukünftig nötig wäre).[24]

Frauen fällt es leichter, soziale Unterstützung in Anspruch zu nehmen als Männern. Soziale Unterstützung ist nicht gleichbedeutend mit „sozialer Integration". Letztere, oft als quantitativer Aspekt bezeichnet, meint die Einbettung der Person in ein soziales Netzwerk (bspw. Familienstand, Anzahl der Verwandten, Freunde).[25] Nichtsdestotrotz kann eine gute soziale Integration als Voraussetzung für soziale Unterstützung gesehen werden. Wer keinerlei Kontakte hat, wird es deutlich schwerer haben, zwischenmenschliche Hilfe zu finden, als jemand der Freunde um sich weiß.[26] Soziale Unterstützung hingegen wird häufig als qualitativer Aspekt benannt, der ausdrücklich im Zusammenhang mit Problemzuständen eines Menschen Verwendung findet. Ziel ist es, Leid verursachende Stressoren zu lindern oder wenn möglich, aus der Welt zu schaffen.[27]

2.2. Empirische Aspekte zwischen sozialer Unterstützung und Gesundheit

Die Stresspuffer-Hypothese (Cohen und Wills, 1985) besagt, dass soziale Unterstützung bei der Bewältigung von Belastungen hilfreich ist.[28] Wie zuvor schon angesprochen, ist es unumgänglich zwischen dem zu unterscheiden, was objektiv als Unterstützung angeboten wird, und dem, was der Hilfeempfänger tatsächlich als Unterstützung empfindet.

Zahlreiche Studien haben gezeigt, dass der Begriff „soziale Unterstützung" seiner positiven Konnotation keinesfalls immer Rechnung trägt, sie kann nicht nur scheitern,

---

[23] Vgl. Asendorpf, J. (2011), S. 131
[24] Vgl. Asendorpf, J. (2011), S. 131
[25] Vgl. Schwarzer, R., Knoll, N. (2005) S. 333
[26] Vgl. Schwarzer, R. (1996), S. 175
[27] Vgl. Schwarzer, R., Knoll, N. (2005) S. 334
[28] Vgl. Asendorpf, J. (2011), S. 131

sondern sogar schaden (Studie von Flor et al. 1987, 1995; Patienten mit chronischen Rückenschmerzen).[29]

Wann wird also soziale Unterstützung auch als solche empfunden? Im Idealfall hat der Helfende eine altruistische Absicht („Unterstützungsversuch"), der Hilfeempfänger erkennt ihren Nutzen und ein neutraler Beobachter würde den gelungenden Unterstützungsvorgang als solchen wahrnehmen können (nach Dunkel-Schetter et al. 1991).[30] Dieses zwischenmenschliche Gefüge ist selbstverständlich anfällig für Missverständnisse und Fehlinterpretationen.

Daten für Studien von sozialer Unterstützung werden in der Regel mithilfe von Fragebögen oder Interviews erhoben.[31]

Interessant ist die Feststellung von Dunkel-Schetter und Skokan (1990), dass bei einer mittleren Belastung eher Hilfe gewährt wird als bei hohen oder langanhaltenden Belastungssituationen.[32] Bedeutungsschwer ist, ob sich der Helfende der Situation des Hilfeempfängers gewachsen sieht.

Ein großes Ziel besteht darin, den gesundheitsbegünstigenden Faktor von sozialer Unterstützung auf biologischer Ebene nachzuweisen. Untersucht werden hierfür immunologische oder (neuro-)endokrine Reaktionen, die sowohl mit Stressreaktionen als auch mit sozialer Interaktion in Verbindung sind.[33] Im Vordergrund steht die Frage, wie soziale Unterstützung Stress abfedert, d. h. welche physiologischen Wahrnehmungsprozesse dabei im Körper vonstatten gehen.

2.3. Soziale Unterstützung – ein Persönlichkeitsmerkmal?

Wer zum Ausdruck bringt, dass er Unterstützung von anderen braucht und diese annehmen möchte, wird sie eher bekommen als eine Person, die zwar Hilfe benötigt, ihre Probleme jedoch für sich behält.[34] Ob soziale Unterstützung gelingen kann, hängt also nicht nur von der Hilfequelle ab, sondern ebenso von den Persönlichkeitsmerkmalen des Empfängers. Wer davon ausgeht, im Falle von Stress Hilfe zu erfahren, verfügt über ein höheres Selbstvertrauen und kann Herausforderungen eher aus eigener Kraft meistern. Es handelt sich dabei um die

---

[29] Vgl. Schwarzer, R. (1996), S. 177
[30] Vgl. Schwarzer, R. (1996), S. 178
[31] Vgl. Becker, B. (2014 b), S. 35
[32] Vgl. Schwarzer, R., Knoll, N. (2005) S. 336-337
[33] Vgl. Schwarzer, R., Knoll, N. (2005) S. 340
[34] Vgl. Schwarzer, R., Knoll, N. (2005) S. 337

Komponente der *potentiellen Unterstützung*, welche ein Sicherheitsgefühl gibt. Nach Asendorpf liegt hier ein Persönlichkeitsmerkmal vor.[35]

Grundsätzlich wird soziale Unterstützung benötigt, wenn Menschen Stressoren ausgesetzt sind. Stress tritt ein, wenn ein Ungleichgewicht an Anforderungen und Anpassungsressourcen vorliegt.[36]

Diese können verschiedenster Natur sein wie bspw. der Verlust eines nahestehenden Menschen oder finanzielle Sorgen. Wichtig dabei ist das Ausmaß, in dem die Betroffenen fähig sind, mit ihren eigenen Ressourcen die Stressoren zu reduzieren und eine Entspannung herbeizuführen. Dieser Vorgang wurde von Lazarus und Folkman (1984) definiert. Sie prägten den Begriff „Coping" (engl. to cope - bewältigen). Ist es einer Person nicht oder unzureichend möglich, mit den eigenen Ressourcen einen Spannungszustand auszubalancieren, so liegt ein „Stressor" vor.[37] Mittelpunkt dieser Stresstheorie ist die kognitive Einschätzung („cognitive appraisal") einer Situation, oder anders formuliert, die subjektive Wahrnehmung einer Person und die Bewertung, ob Stress vorliegt oder nicht.

Mit Ressourcen beschäftigte sich auch Hobfoll (1989). Er spricht sich dafür aus, dass Menschen danach streben, für sie bedeutsame Ressourcen aufzubauen und zu erhalten (Ressourcenkonservierung). Wer mit zahlreichen Ressourcen ausgestattet ist, kann robuster und flexibler auf Stressoren reagieren.[38]

Auch soziale Unterstützung (sowohl sie zu geben als auch sie anzunehmen) ist eine solche Art von Ressource und somit eine Bewältigungsstrategie (Coping-Strategie). Insofern kann soziale Unterstützung sehr wohl als ein Teilaspekt von Persönlichkeitseigenschaften betrachtet werden.

2.4. Kann eine stabile Partnerschaft bei der Bewältigung einer chronischen Krankheit helfen?

Eine chronische Erkrankung zeichnet sich durch einen schleichenden Beginn und eine lange Dauer oder Wiederkehr aus. In der Regel sind chronische Erkrankungen nicht heilbar. Beispiele für chronische Erkrankung sind: Herz-Kreislauf-Erkrankungen,

---

[35] Vgl. Asendorpf, J. (2007), S. 308
[36] Vgl. Faltermaier, T. (2005), S. 77
[37] Vgl. Faltermaier, T. (2005), S. 77
[38] Vgl. Nerdinger, F. et al. (2019), S. 584-585

Diabetes, Schlaganfall, Krebs, Muskel-Skelett-Erkrankungen und chronische Atemwegserkrankungen.[39]

Nach eigenen Aussagen von Krebspatienten ist der Partner die wichtigste Bezugsperson. Studien zeigen, dass die partnerschaftliche Unterstützung die Anpassung an Krankheit und den Heilungsprozess positiv beeinflussen.[40]

Anders als akut Erkrankte müssen chronisch Kranke lernen, ihr Gebrechen in den Alltag zu integrieren. Mithilfe eines wertschätzenden Partners kann das Selbstwertgefühl des Erkrankten stabilisiert werden. Dieses korreliert nachweislich mit der psychischen Gesundheit.[41] In einer stabilen Partnerschaft kann durch emotionale Unterstützung Stress abgebaut werden, wodurch das allgemeine Wohlbefinden größer wird und sich somit auch der Gesundheitszustand eines chronischen Kranken verbessern kann. Von großem Nutzen ist das Gefühl der Kontrollierbarkeit, welche durch eine Zuversicht spendende Unterstützung eines Partners erleichtert werden kann.

Hervorzuheben ist die besondere Situation des gesunden Partners, denn dessen Alltag bzw. Leben ändert sich ebenfalls dauerhaft und nicht nur für einen bestimmten Zeitraum. Die Beziehung eines solchen Paares wird also beiderseits immens strapaziert. Welches Paar in dieser Situation eine wirklich vertrauensvolle, offene und respektierende Kommunikationsebene findet, erfüllt gute Voraussetzungen für eine Integration von Einschränkungen oder Mühen in das gemeinsame Leben.

Aufgabe C 3

3.1. Was wird unter Ängstlichkeit verstanden und wie kann man diese messen?

Ängstlichkeit geht einher mit affektiven Zuständen des Körpers. Diese können in Form von motorisch-expressivem Verhalten, durch subjektives Angsterleben oder physiologische Reaktionen wie Herzrasen, Erröten etc. gekennzeichnet sein [42]

Eine Kernfrage ist, wie Angst eigentlich entsteht. Hierzu gibt es im Wesentlichen den lerntheoretischen Ansatz der Angstkonditionierung und den biologischen Ansatz. Beim ersten Ansatz wurde die Angst durch die Verknüpfung eines Reizes mit einem Verhalten oder einer Beobachtung erlernt. Der biologische Ansatz beschäftigt sich

[39] Vgl. Lange, C., Ziese, T. (2009), S. 54
[40] Vgl. Schulz, U., Schwarzer, R. (unbekannt), S. 1
[41] Vgl. Faltermaier, T. (2005), S. 104
[42] Vgl. Salewski, C., Renner, B. (2009) S. 134

damit, welche Rolle die Angst im Lauf der Evolution, etwa Angst vor bedrohlichen Tieren, Objekten oder Situationen im Sinne der natürlichen Selektion hat.

Mittels fMRT hat der Neurowissenschaftler Ursu et al. (2003) gezeigt, dass Probanden mit einer Zwangsstörung eine erhöhte Aktivität im Kortexbereich (cingulum anterior) aufweisen.[43] Hier wurde deutlich, dass bestimmte Formen von Angststörungen im Gehirn eines Patienten bildlich darstellbar sind.

Selbstverständlich gibt es unterschiedliche Modelle der Forschung zu Ängstlichkeit. Sehr bekannt ist die Theorie von Sigmund Freud, nach der Angst als innerpsychischer Konflikt verstanden wird, von dem sich das Ich bedroht fühlt. Um dieser Bedrohung entgegenzuwirken, bedient sich die Psyche Mechanismen wie Verdrängung, Projektion und Reaktionsbildung.[44]

Ebenso nicht wegzudenken ist Spielbergers Trait-State-Modell (1972), welches zwei Kategorien von Angst beschreibt: **Zustandsangst** (State-Angst) und **Angst als Eigenschaft** (Trate-Angst).

Erstere meint einen bewusst wahrgenommenen emotionalen Zustand, der von Anspannung, Nervosität, innerer Unruhe und Besorgtheit gekennzeichnet ist. Angst als Eigenschaft hingegen bezieht sich auf eine relativ stabile Neigung einer Person, Situationen als bedrohlich zu bewerten.[45] Spielberger et al. haben hierzu das „State-Trait-Angstinventar" (STAI) entwickelt. Mit Hilfe zweier Skalen werden sowohl Daten zur Zustandsangst als auch zur Angst als Eigenschaft erhoben.

Zur empirischen Messung von Ängstlichkeit lassen sich außerdem noch zahlreiche weitere Modelle finden. Die am häufigsten verwendete Ängstlichkeitsskala ist die „Manifest Anxiety Scale" (MAS). Es stellte sich heraus, dass Ängstlichkeit und Neurotizismus mit etwa 0,75 korrelieren, d. h. laut Asendorpf, dass Ängstlichkeit und Neurotizismus als nahezu identisch betrachtet werden dürfen.[46]

Eine weitere Messmethode von Ängstlichkeit stammt von Laux (1981). Mit der Trait-Angstskala des STAI lässt sich feststellen, dass die Korrelation zwischen Ängstlichkeit und negativer Affektivität ebenfalls sehr hoch ist.

Eine erweiterte Perspektive wird mit der **mehrdimensionalen** Betrachtung von Ängstlichkeit eröffnet. In Studien von Endler et al. (1962) wurde auch nach

---

[43] Vgl. Myers, D. (2008), S. 764
[44] Vgl. Becker, B. (2014), S. 119
[45] Vgl. Laux, L. (2008), S. 219
[46] Vgl. Asendorpf, J. (2007), S. 188

14

Situationen gefragt, in denen Angst auftauchte. Es handelt sich um die „Endler Multidimensional Anxiety Scales".[47] Sie umfassen drei Dimensionen:

- Ängstlichkeit in sozialen Situationen,
- Ängstlichkeit bei physischer Bedrohung und
- Ängstlichkeit in ungewissen schlecht einschätzbaren Situationen.

Mit dieser Faktorenanalyse konnte herausgefunden werden, dass die Angstbereitschaft zwischen Menschen (interindividuell) unterschiedlich ist.[48]

3.2. Abgrenzung der Zwangsstörung von der zwanghaften Persönlichkeit

Die Phänomene der Zwangsstörung und der zwanghaften Persönlichkeit gehören zu den angstbezogenen Störungsbildern, unterscheiden sich jedoch deutlich voneinander. Die Zwangsstörung ist eine Neurose, die zwanghafte Persönlichkeitsstörung eine Untergruppe (oder auch spezifische) Persönlichkeitsstörung.

In diesem Abschnitt soll vor allen Dingen der **Zwangsstörung** Rechnung getragen werden, bevor dann im nächsten Kapitel die zwanghafte Persönlichkeit intensiver im Vordergrund steht.

Eine Zwangsstörung ist keine Art von Persönlichkeitsstörung, sondern eine **Neurose**. Im ICD-10 wird die Zwangsstörung unter F40-48, d. h. den **neurotischen, belastungs- und somatoformen Störungen** geführt. Die Zwangsstörung selbst hat die Codierung F42.

Die zwanghafte Persönlichkeit hingegen wird unter F60.5 (F60.0-F60.9) verzeichnet, hier finden sich die **spezifischen Persönlichkeitsstörungen**.

Diese scharfe Trennlinie wurde keinesfalls schon immer gezogen. Lange ging man zumindest in der deutschsprachigen Psychiatrie davon aus, dass die zwanghafte Persönlichkeitsstörung der Zwangsstörung vorausginge (prämorbid).[49] Als Weichensteller für diese Ansicht gilt aus psychoanalytischer Sicht Sigmund Freud, der mit „Charakter und Analerotik" einen Zusammenhang herstellte zwischen Zwangscharakter und Zwangsstörungen.[50] Die Behauptung geht darauf zurück, dass

---

[47] Vgl. Laux, L. (2008), S. 220-221
[48] Vgl. Asendorpf, Jens B. (2007), S. 188
[49] Vgl. Fiedler, P. (2007), S. 226
[50] Vgl. Fiedler, P. (2007), S. 227

der übertriebene Ordnungssinn aus einer misslungenen oder zu frühzeitig einsetzenden Sauberkeiterziehung resultiere.[51]

Es zeigte sich jedoch, dass zwischen einer Zwangsneurose, also einer Zwangsstörung und einer zwanghaften Persönlichkeit mit Eigenschaften wie Ordnungsliebe, Sparsamkeit und Eigensinn, kein Zusammenhang bestehen *muss*.[52] Angelsächsische Forschungsarbeiten der 50er- und 60er-Jahre haben festgestellt, dass Zwangssymptome und zwanghafte Persönlichkeitsmerkmale zweifelsfrei getrennt werden müssen.[53] Eine genaue Differentialdiagnose ist deshalb sehr wichtig, weil sich die Therapie von Zwangsstörungen und zwanghafter Persönlichkeit erheblich unterscheiden.

Im Gegensatz zur zwanghaften Persönlichkeit ist die Zwangsstörung durch zwei maßgebliche Symptomgruppen gekennzeichnet:[54]

1. **Zwangsgedanken (obsessions)**: Es handelt sich hierbei um Ideen, Vorstellungen und Impulse, die den Betroffenen wiederkehrend und quälend beschäftigen.

2. **Zwangshandlungen (compulsions)**: Hierunter versteht man Handlungswiederholungen und Rituale, unter denen die Betroffenen leiden und die sie nicht unterlassen können.

Typische Zwangsstörungen sind etwa der Waschzwang, das mehrmalige Überprüfen, ob die Tür verschlossen oder der Herd ausgeschaltet ist oder auch der Zwang, eine bestimmte Symmetrie und Ordnung von Dingen herzustellen.[55]

Obwohl die Gedanken unwillkürlich und von den Betroffenen häufig als abstoßend empfunden werden, werden sie als zur eigenen Person gehörend erlebt. Zwangshandlungen werden ständig wiederholt, obwohl sie keinen erkennbaren Nutzen haben. Häufig beschreiben Patienten, dass diese Rituale Unheil vorbeugen sollen oder anders formuliert, dass Unheil eher eintritt, wenn die Zwangshandlung nicht ausgeführt wird. Ihr Verhalten erleben sie als sinnlos und ineffektiv und Betroffene versuchen dagegen anzugehen. Nährboden für die Symptomatik ist Angst. Werden Zwangshandlungen unterdrückt, wird die Angst noch größer.[56]

---

[51] Vgl. Fiedler, P. (2007), S. 231
[52] Vgl. Fiedler, P. (2007), S. 226
[53] Vgl. Fiedler, P. (2007), S. 227
[54] Vgl. Fiedler, P. (2007), S. 229
[55] Vgl. Myers, D., (2008), S. 758-759
[56] Vgl. https://www.icd-code.de/icd/code/F42.-.html, abgerufen am 02.07.2020

Zwangsstörungen sollten anders als die zwanghafte Persönlichkeitsstörung verhaltenstherapeutisch behandelt werden.[57] Positiv hervorgetan hat sich hierzu die kognitive Therapie. Nicht selten ist eine Zwangsstörung von einer Depression begleitet, dann kommt es oft zum Einsatz von SSRI (selektive Serotoninwiederaufnahmehemmer).[58]

3.3. Was zeichnet die zwanghafte Persönlichkeitsstörung aus?

Unter zwanghafter oder auch anankastischer Persönlichkeitsstörung versteht man ein von der Norm abweichendes Persönlichkeitsmuster, das sich durch das überaus gewissenhafte Streben nach Sorgfalt und Perfektion auszeichnet.

Die zwanghafte Persönlichkeitsstörung wird dem „Cluster C", also den ängstlichen Typen von Persönlichkeitsstörungen, zugeordnet.

Leidensdruck besteht oftmals dann, wenn berufliche Aufgaben und Verpflichtungen nicht mehr erfüllt werden können. Das übervorsichtige Verhalten liegt in höchster Unsicherheit, Unentschlossenheit und innerem Zweifel begründet. [59] Diese überbordende Gründlichkeit führt dazu, dass der Perfektionismus die eigentliche Aufgabenerfüllung behindert.

Persönlichkeitsstörungen können grundsätzlich mit Hilfe zweier diagnostischer Verfahren festgestellt werden. Zum einen mit dem **„Diagnostic and Statistical Manual of Mental Disorders"** (DSM-IV, mittlerweile in der vierten Auflage vorliegend) und zum anderen mit dem **„International Classification of Diseases, Injuries and Causes of Death"** (ICD-10, mittlerweile in der zehnten Auflage vorliegend). Dies gilt im Übrigen auch für die Zwangsstörung.

Die zwanghafte Persönlichkeit zeichnet sich durch Symptome wie unverhältnismäßige Leistungsbezogenheit, Pedanterie, Geiz oder übersteigerte Detailverliebtheit aus.[60] Der Leidensdruck der Betroffenen ist nicht geschmälert dadurch, dass keine Zwangsgedanken oder Zwangshandlungen auftreten, wie dies bei der Zwangsstörung der Fall ist. Menschen mit diesen Merkmalen gelangen vor allem unter Druck, wenn es zu Veränderungen in ihrem Leben kommt, denn Umstrukturierungen bedeuten für sie Stress. Soziale Ausgrenzung kann eine Folge der ständigen Pedanterie sein (z. B.

[57] Vgl. Fiedler, P. (2007), S. 377
[58] Vgl. Wittchen, H.-U., Hoyer, J., S. 1014-1015
[59] Vgl. Fiedler, P. (2007), S. 227
[60] Vgl. Fiedler, P. (2007), S. 228-229

im Kollegium) und wenn Wichtiges nicht mehr von Unwichtigem getrennt werden kann, kommt es am Arbeitsplatz zu prekären Situationen. Sollten die selbst auferlegten Regeln zu sehr Raum greifen, also die bloße Sorgfalt oder Genauigkeit „ausartet" in einen rigiden, kompromisslosen und den Menschen starr machenden Perfektionismus, liegt eine zwanghafte Persönlichkeitsstörung vor.

Betroffene laufen Gefahr, an einer Depression zu erkranken, denn aufgrund sozialer Ausgrenzung und Misserfolg kann es eher zu Kränkungen kommen.

3.4. Wie sind Persönlichkeitsstörungen, insbesondere die zwanghafte Persönlichkeitsstörung behandelbar?

Persönlichkeitsstörungen können mit einer einsichts- und beziehungsorientierten Psychotherapie behandelt werden. Gerade bei der zwanghaften Persönlichkeitsstörung ist es wichtig, ob der Patient eine Neuorientierung seiner Lebensbedingungen aktiv mitgestaltet.[61] Die Therapieangebote sind psychodynamisch, gesprächstherapeutischer oder interpersonell orientierter Natur. Die Erfahrung zeigt den häufigen Erfolg von psychoanalytischen Langzeitbehandlungen (Couchsetting).[62] Andere Therapieansätze gibt es zwar, jedoch kann ihnen kein so großer Erfolg zugesprochen werden wie der Psychoanalyse. Dennoch sollen sie hier der Vollständigkeit wegen genannt werden.

Obwohl scheinbar naheliegend, erwies sich die Verhaltenstherapie als nicht effektiv bei der Behandlung von zwanghaften Persönlichkeitsstörungen, wie Turkat und Maisto (1985) beispielsweise berichteten.

Beck et al. (1990) schlagen eine kognitive Therapie vor, die der zwanghaften Persönlichkeit dann entgegenkomme, wenn eine klare Problemlösestruktur vorläge.[63] Ziel ist es hierbei, die Denkschemata abzuschwächen und flexibler werden zu lassen. Dies soll vor allen Dingen mit Hilfe von „Hausaufgaben" geschehen, denn der Patient soll in seinem Alltag üben, indem er Hypothesen und Handlungsmuster kritisch überprüft.[64]

Tatsächlich hat sich bislang eine psychoanalytische Langzeitbehandlung als am wirksamsten bewiesen.[65] Prinzipiell gilt es, eine Depression zu vermeiden und ihr

---

[61] Vgl. Fiedler, P. (2007), S. 376
[62] Vgl. Fiedler, P. (2007), S. 377
[63] Vgl. Fiedler, P. (2007), S. 379
[64] Vgl. Fiedler, P. (2007), S. 379
[65] Vgl. Fiedler, P. (2007), S. 377

vorzubeugen. Dazu gehört auch das Aufbrechen der starren Verhaltensmuster, weil nur so wieder aktiv am Leben teilgenommen werden kann. Hierfür benötigen diese Patienten viel Mut, weshalb es keinesfalls zu massiver Überforderung und größeren Misserfolgserlebnissen kommen darf. Folglich gilt es, die Veränderungen unter Beachtung der persönlichen Gewohnheiten des Patienten reifen zu lassen.[65] Eine zu direkte therapeutische Konfrontation sollte deshalb vermieden werden. Nichtsdestotrotz müssen die schmerzlichen Themen „dosiert" in den Mittelpunkt gerückt werden. Das Angstniveau sollte mit Hilfe des Therapeuten so niedrig wie möglich gehalten werden.[67]

Im Vordergrund der therapeutischen Arbeit steht außerdem, die soziale Einbettung eines Patienten zu verbessern, indem Interaktionskonflikte mit anderen Menschen weniger werden. Der Patient soll den Umgang hiermit lernen, bzw. sich ein alternatives Bewältigungsverhalten (Coping) aneignen.[68]

Es wird empfohlen, zu Beginn der Therapie mit den Patienten genaue Absprachen über die Regelmäßigkeit der Sitzungen zu treffen und über die Bereitschaft des Patienten, möglichst frei und offen über seine Gefühle und Gedanken zu sprechen. Im geschützten Rahmen der Therapiesitzung sollte keine Zensierung von Äußerungen stattfinden, was ja für zwanghafte Patienten eine Herausforderung darstellt [69]

---

[66] Vgl. Fiedler, P. (2007), S. 376
[67] Vgl. Herpertz, S. (2009), S. 113-114
[68] Vgl. Fiedler, P. (2007), S. 378
[69] Vgl. Fiedler, P. (2007), S. 377

Literaturverzeichnis

Amelang, M., Bartussek, D., Hagemann, D., Stemmler, G. (2011), Differentielle Psychologie und Persönlichkeitsforschung, 7. Aufl., Stuttgart

Asendorpf, J. (2007), Psychologie der Persönlichkeit, 4. Aufl., Heidelberg

Asendorpf, J. (2011), Persönlichkeitspsychologie, 2. Aufl. Heidelberg

Becker, B. (2014a), Grundlagen der Differentiellen- und Persönlichkeitspsychologie, 1. Aufl. Riedlingen

Becker, B. (2014b), Praxisfelder der Differentiellen- und Persönlichkeitspsychologie, 1. Aufl. Riedlingen

Birbaumer, N., Schmidt, R. (2010), Biologische Psychologie, 7. Aufl. Heidelberg

Faltermaier, T. (2005), Gesundheitspsychologie, 1. Aufl., Stuttgart

Fiedler, P. (2007), Persönlichkeitsstörungen, 6. Aufl., Weinheim, Basel

Herpertz, S. (2009), Persönlichkeitsstörungen, 1. Aufl., Heidelberg

Nerdinger F., Blickle, G., Schaper, N. (2011), Arbeits- und Organisationspsychologie, 2. Aufl., Berlin, Heidelberg

Laux, L. (2008), Persönlichkeitspsychologie, 2. Aufl., Stuttgart

Maltby, J., Day, L., Macaskill, A. (2011), Differentielle Psychologie, Persönlichkeit und Intelligenz, 2. Aufl., München

Myers, D. (2008), Psychologie, 2. Aufl., Heidelberg

Rammsayer, T., Weber, H. (2012), Differentielle Psychologie –
Persönlichkeitsforschung, 1. Aufl. Göttingen

Salewski, C., Renner, B. (2009), Differentielle Psychologie und
Persönlichkeitspsychologie, München

Schwarzer, R. (1996), Psychologie des Gesundheitsverhaltens, 2. Aufl. Göttingen

Schwarzer, R., Knoll, N. (2005), Soziale Unterstützung. In: Schwarzer, R. (Hrsg.),
Gesundheitspsychologie, Göttingen, S. 333-349

Wittchen, H.-U., Hoyer, J. (Hrsg.) (2011), Klinische Psychologie, 2. Aufl., Berlin

Onlinequellen:

Schwarzer, R., Schulz, U., (Datum unbekannt), Partnerschaftliche Bewältigung einer
Krebserkrankung, https://userpage.fu-berlin.de/~health/materials/partner.pdf,
abgerufen am 01.07.2020

Lange, C., Ziese, T. (2009), Prävalenz chronischen Krankseins. In: GEDA, Hrsg.
Robert-Koch-Institut Berlin, Beiträge zur Gesundheitsberichterstattung des
Bundes, Berlin, S. 54, abgerufen am 30.06.2020

ICD-Code, https://www.icd-code.de/icd/code/F42.-.html, abgerufen am 02.07.2020